BIBLIOTHÈQUE INTERNATIONALE DE PSYCHOSYNTÉRÈSE

I0435485

ANGOISSE,
QUI NE TE CONNAÎT PAS ?

Dr phil. Robert F. Klein

12 EXERCICES PRATIQUES

Photo couverture: alphaspirit: «Fear of crisis…»

Informations supplémentaires: www.psychosynteresis.com
Édition avril 2016.
Printed by CreateSpace, An Amazon.com Company.

Thomas Bischoff
Ruelle de Borjaux 15
1807 Blonay / VD - Suisse
thomas@bischoff.ovh
www.bischoff.ovh

L'auteur:
Dr phil. Robert F. KLEIN, EDLER VON WENIN-
PABURG, Ph.D., L.L.,D.D., F.A.I.H. lauréat U.M.B.
1983, 1988

Robert Klein (1926 -2013) était un brillant
psychothérapeute qui, en partant des
recherches de Sigmund Freud et Carl Gustav
Jung, ainsi que des progrès faits dans les
domaines de la neurologie et de la recherche sur
le sommeil, a développé – ensemble avec sa
femme, Dr phil. Elisabeth Klein – un nouveau
système psychologique et une méthode de traitement de désordres
psychiques: la psychosyntérèse. Ce système est caractérisé par une
conception dynamique de tous les aspects de la vie mentale, consciente
et inconsciente, mettant l'accent en particulier sur la puissance
thérapeutique du centre énergétique de la psyché, le Soi ou la Syntérèse,
ainsi que par une technique élaborée d'investigation et de traitement,
basée sur l'activation de la Syntérèse principalement par l'interprétation
des rêves.

Robert Klein, que l'on surnommait le «Red Adair du coaching», était aussi
un organisateur de séminaires fascinants, traducteur et interprète
diplômé, licencié ès lettres de la Sorbonne à Paris, professeur d'allemand
à l'Université de Poitiers, psychanalyste, connaissant notamment
parfaitement aussi l'italien, l'espagnol, le droit, la technique et toute la
médecine.

Contenu:
Dans le présent volume, Robert Klein, qui était un exemple d'efficience
pour tous ceux qui le connaissaient, explique le comment et le pourquoi
d'un problème mental que connaît la grande majorité des femmes et des
hommes habitant notre chère planète Terre: l'angoisse. Dans ce texte
court, écrit dans un style très compréhensif et accessible à tout le monde,
l'angoisse est définie comme étant un phénomène accompagnant tout
développement de la personnalité. Robert Klein présente ensuite douze
techniques simples et pratiques, faciles à mettre en œuvre pour aider
l'angoissé(e) à sortir de son angoisse.

4

Sommaire

Angoisse, qui ne te connaît pas? Certes, mais alors pourquoi y a-t-il des journées, des semaines, des mois de vie sans crise d'angoisse? Et pourquoi nous revient-elle d'un coup, nous tombe-t-elle dessus sans crier gare? Les anciens Romains le savaient, eux qui ont dérivé le mot «angoisse», *angustia* en latin, de l'adjectif *angustus* «étroit»: quand le chemin de la vie est large, avec à gauche et à droite des prés, des coteaux verdoyants, de l'espace à perte de vue, alors *il n'y a pas d'angoisse*. Et la vie s'écoule paisiblement. On est ancré dans son travail, dans ses tâches de famille, dans les joies simples de la vie. On se sent bien au restaurant, au café, dans les magasins, avec son mari ou sa femme, avec ses enfants, dans son foyer, à l'extérieur de la maison, en voyage, dans le train, l'auto, l'avion, le car. Et voilà que le chemin de la vie se resserre. D'un coup, il n'y a plus d'espace à gauche ni à droite. Des murs de rochers se rapprochent. Bientôt on est dans un tunnel, on ne voit même plus le ciel au-dessus de soi. Tout devient gris, il n'y a plus de lumière naturelle, on est dans la pénombre. Le chemin de la vie est devenu trop *angustus*, trop étroit, et la pression de ces murs si proches devient insupportable. Que faire? Il faut bien avancer, suivre ce chemin en espérant qu'il va de nouveau s'élargir, qu'on va

de nouveau pouvoir respirer. Mais présentement, en crise d'angoisse, on n'a plus envie ni de sortir ni de rester chez soi, on court d'une pensée à l'autre, avec une seule idée fixe: s'occuper sans relâche pour éviter de voir les murs et le plafond du tunnel. Dans un café, dans un magasin, à peine y est-on entré qu'on est obligé d'en ressortir. On ne supporte plus le voyage en train qu'en avalant un tranquillisant. On se découvre des habitudes bizarres, rituelles. Chaque mot nous effraie. Il n'y a plus de refuge, ni chez soi, ni chez les proches, ni même à l'église. Et les bons conseils des amis et amies, le «il n'y a qu'à» ne mordent plus sur la douloureuse réalité de la vie. Même notre famille commence à chuchoter derrière notre dos, les gens à nous montrer du doigt. À peine croit-on avoir trouvé le repos au fond de son lit qu'à minuit, une voix dans la tête nous intime de nous lever, de partir, d'aller rôder dehors. En pleine nuit! Alors là, pour sûr, on croit qu'on devient fou! Et pourtant, en se penchant sur ces phénomènes avec amour et compréhension, tout s'éclaire, tout s'explique. Tout d'abord, si nous restons dans l'image du chemin de vie qui traverse une fois un paysage riant, une fois une montagne sous un tunnel, c'est que ce parcours nous est *imposé*. Le paysage est tout simplement

comme ça. Je me rappelle une excellente amie qui habitait la Vallée de Joux et qui avait une peur bleue des tunnels. Que de kilomètres a-t-elle fait dans sa vie pour éviter les tunnels, avec des détours parfois incroyables! Inutile de préciser qu'elle n'a jamais été au Tessin par le tunnel du Saint-Gothard «plutôt crever!» Ce *refus du tunnel* est tout simplement le refus de la vie imposée par le destin – pour les croyants, par Dieu qui fait notre destin. On n'est donc par sur Terre pour se la couler douce, pour être en paix, heureux, bien gagner sa vie et pouvoir payer ses dettes? Hélas non. On est sur Terre pour *apprendre*. Apprendre quoi? Tout d'abord à accepter tout ce qui nous arrive comme *naturel et nécessaire* (ce qu'on s'est mis à appeler «les deux N kleiniens», du nom de l'auteur et de sa femme, Elisabeth Klein, fondateurs de l'école de vie appelée Psychosyntérèse). C'est ça ou renoncer à vivre, se suicider. Apprendre quoi encore? Apprendre à faire éclore la *Lumière intérieure*. Or, voyez-vous, de jour, dans un beau paysage fleuri, on ne voit que la lumière du Soleil. Il faut être habitué à voir l'*aura*, la couche de lumière qui entoure les gens des pieds à la tête, pour la distinguer au soleil. Où cette lumière se révèle-t-elle vraiment? Dans le noir, la nuit, dans un tunnel, où les gens se mettent à briller de l'intérieur. Et pas seulement les gens. C'est ainsi que nous ne risquons pas, Elisabeth et moi, de marcher sur le chat la nuit. On ne sait jamais où ces bougres d'animaux vont se nicher dans l'appartement. Mais le nôtre, Néron, dégage une belle aura bien visible dans le noir. Il brille de tous ses feux, et on peut faire un détour au lieu de lui marcher bêtement dessus. Aha, le passage par l'étroit, par le tunnel, par l'angoisse servirait donc à révéler la Lumière intérieure, à nous rendre conscients que nous brillons par nous-mêmes, même loin du Soleil? C'est certainement ça. Car toute *angoisse est une épreuve*, un test sur la voie du développement intérieur. En crise d'angoisse, sur le passage étroit, on ne peut plus se raccrocher à rien ni à personne. Il n'y a plus que les murs. Allons-nous en «crever» pour autant? Non, de toute façon, nous survivons – mais à quel prix! Savez-vous quel est le meilleur moyen pour se sortir d'une crise d'angoisse? C'est quand les gens sur qui on compte vous bouclent la porte au nez, vous disent de ne plus téléphoner, de ne plus les em... Quand ils vous font comprendre qu'ils en ont marre de vous écouter, de vous plaindre. Alors c'est comme une douche froide. On est bien obligé de *faire avec soi-même*. Plus

personne n'écoute vos cris de désespoir. Et curieusement ça nous renforce, ça nous rend notre calme.

Une crise d'angoisse est donc *nécessaire*, elle a son utilité. Ah, tu croyais qu'il n'y avait de malheureux que dans les hôpitaux psychiatriques ou à la télé, en Éthiopie, au Kurdistan? Non, le malheur est *en toi*, il te guette, et tu dois vaillamment apprendre à en faire façon. Au début certainement en prenant des tranquillisants quand on sent que les idées dérapent, vacillent, qu'on est poussé à des gestes absurdes. Mais une pastille anxiolytique («qui dissout l'angoisse») ne peut être qu'un palliatif, un moyen provisoire de détourner le danger. Il faut trouver mieux. Il y a, à part les Écritures saintes de toutes les religions (la Bible, le Coran, etc. – car il n'y a qu'un seul Dieu que les hommes adorent sous des noms divers), un très beau livre de Sagesse, le plus ancien de la Terre: c'est le *Yi-King* ou Livre des mutations de la Chine ancienne. Il prévoit 64 situations de vie, dont un certain nombre à l'air libre, dans un paysage ensoleillé, et d'autres en tunnel, en situation angoissante. Et ce qu'il enseigne, c'est qu'à chaque nouvelle lunaison, le chemin de

vie se déroule un peu plus loin, on a avancé de quelques pas, la configuration du terrain a changé subtilement, bientôt ce sera le bout du tunnel – ou l'entrée dans un tunnel. Cette *alternance* entre périodes fastes, bonnes et périodes de tristesse et d'angoisse est une donnée de base que l'Occidental ignore généralement. Mieux: *l'Occidental s'enferre pendant des mois, voire des années dans des situations d'angoisse,* ce qui est proprement un crime contre nature. Dieu ne veut ni la mort du pécheur ni que les parcours en tunnel se perpétuent, c'est contre Sa volonté. Car Dieu, voyez-vous, aime Sa créature. Ce qui revient à dire que *c'est nous-mêmes qui entretenons l'angoisse en nous et en tombons malades pendant des périodes prolongées.* Et c'est ce qu'il nous faut examiner ici.

Récemment une dame m'a confié un rêve où elle, si pure, si angélique, était invitée par un guide lumineux, extraterrestre à entrer dans un restaurant où des mains avides la touchaient au passage. Elle s'échappait et ne lâchait pas son guide. Il y avait des moments où, à l'intérieur du restaurant, le passage se rétrécissait jusqu'à la forcer à continuer à quatre pattes sous un plafond bas, *dans un tunnel.* Mais elle n'en avait cure, puisque son guide la

précédait, lui montrait le chemin. Et enfin ce fut la délivrance, la porte de derrière s'ouvrit sur un merveilleux paysage. Elle avait réussi la traversée. Et ce fut la fin du rêve. Évidemment, la rêveuse n'est pas encore au bout de ses peines. Elle n'a pas encore réussi sa traversée de l'existence sur un parcours *imposé*. Mais elle a pris conscience, grâce à ce rêve, de plusieurs tunnels sur son chemin de vie et de la perspective d'en finir un jour, quand la porte s'ouvrira. Surtout elle *n'a pas hésité à s'engager dans les tunnels, à se faire toute petite, à ramper même, parce qu'elle avait un guide*. À la bonne heure, direz-vous, elle n'était pas seule! Il faut préciser: elle avait un guide extraterrestre. Car nous sommes seuls même quand nous sommes bien accompagnés, par un(e) partenaire, des enfants. Nous devons manger une soupe que nul autre ne peut manger à notre place. Mais ici, il y avait comme un ange gardien qui montrait le chemin. On ne parle pas en vain, en étudiant les lignes de la main, de la *ligne de l'ange gardien* que je vous montre sur la figure de la page suivante. Je l'ai retrouvée sur de nombreuses mains comme signe de la protection dont le/la propriétaire de ces mains bénéficie pendant une certaine période de sa vie ou tout au long de sa vie.

Et la personne se sent effectivement protégée, en premier lieu contre l'angoisse, du moins aussi longtemps que la ligne de l'ange gardien court le long de la ligne de vie. Comme cette dernière permet des datations précises, la durée de la protection peut être déterminée, comme je le montre sur la figure. Depuis les travaux scientifiques entrepris sur les mains d'enfants dans les années 1930, l'étude des lignes de la main ou chirologie est rentrée dans le domaine du sérieux, du contrôlable.

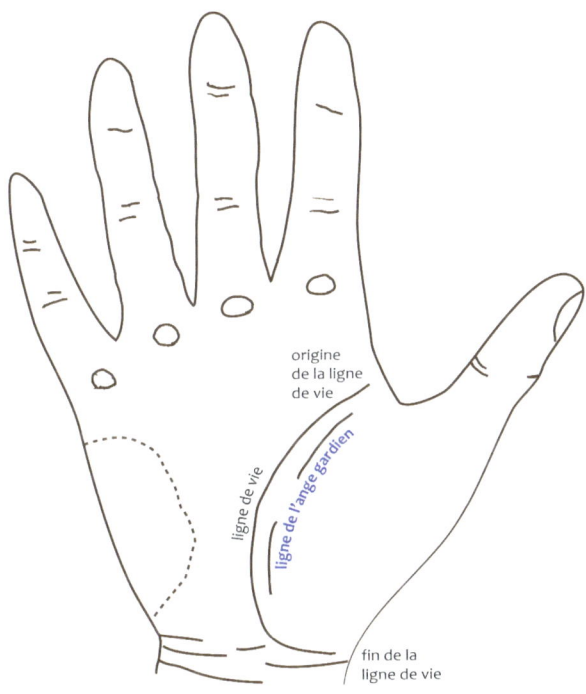

origine
de la ligne
de vie

ligne de vie

ligne de l'ange gardien

fin de la
ligne de vie

La *ligne de l'ange gardien* double la ligne de vie à l'intérieur de celle-ci, donc côté pouce, mais seulement sur certains tronçons, pas sur toute la longueur de la ligne de vie, ce qui est exceptionnel. Sur la main droite que l'on voit ici, la protection contre l'angoisse fonctionne jusqu'à 25 ans environ, puis de nouveau de 35 jusque vers 50 ans.

Rappelez-vous maintenant

- le cheminement le long d'un chemin qui parfois se rétrécit;
- le rêve où la rêveuse traverse un environnement humain avide, puis un environnement rocheux étroit;
- l'aura et la lumière qui brille de l'intérieur;
- le concept même d'ange gardien, de protection.

Si vous réfléchissez un instant, vous comprendrez que l'angoisse vous tombe dessus de *l'extérieur. Cela veut dire tout simplement que l'angoisse ne fait pas partie de vous-même.* C'est capital. Il est alors inutile de se lamenter et de dire: «Voilà que moi, je suis de nouveau pris(e) d'angoisse, tourmenté(e) de l'intérieur. Tout ça se situe en moi, les autres n'y comprennent rien. C'est mon problème, je dois faire avec, personne ne peut m'aider.» Non, ce n'est pas vrai. L'être que vous êtes au fond de vous-même est parfaitement sain et équilibré et ne connaît pas l'angoisse. Ce serait divin, pourrez-vous penser. Mais c'est divin! Nous sommes faits à l'image de Dieu, pas dans notre aspect extérieur, mais dans la profondeur de notre être. Là, nous sommes Lumière, Conscience totale, Amour, Paix, Vérité, Force, Beauté, Sagesse. Mais certainement pas «Angoisse» ni avec un grand A ni avec un petit a. À condition de ne pas

se représenter «Dieu» avec une barbe blanche ni avec un

fouet ou un éclair à la main, nous pourrons nous entendre

sur la notion de Dieu en nous, même si vous n'allez pas à

l'église. J'y vais moi-même de temps à autre. Je n'ai pas

besoin de l'Église, c'est l'Église qui a besoin de moi. Pour me

sentir relié à Dieu, à la totalité de mon être, je n'ai besoin

d'aucun intermédiaire. Si vous allez régulièrement à l'église,

c'est que vous n'êtes pas le type du mystique/de la mystique

comme moi, mais le type du paroissien/de la paroissienne,

qui a besoin de s'appuyer sur la foi des autres et sur des

intermédiaires humains – les prêtres – pour entrer en

contact avec Dieu. La rêveuse de tout à l'heure est une

mystique. Elle ne s'arrête pas pour demander s'il y a un

prêtre dans la salle, elle suit son guide extraterrestre, son

ange gardien.

L'autre jour, je suis allé à l'Église, toujours émerveillé

d'entendre de beaux récits bibliques. Et voici qu'on y lisait la

première Épître de (saint) Jean – je cite d'après la nouvelle

Bible œcuménique de 1988: «N'aimez pas le *monde* ni ce qui

est dans le *monde*. Si quelqu'un aime le *monde*, l'amour du

Père n'est pas en lui» (2,15). Ce terme «monde» est bizarre. Nous sommes tous dans le monde. Évidemment ce qui est essentiel en nous n'est pas *de* ce monde. Nous avons une idée plus ou moins nette de ce qui nous attend après la mort, mais en attendant, il faut bien qu'on vive ici, sur Terre, dans ce monde qui n'est pas si mal après tout. Oui, sauf qu'*il sécrète l'angoisse*.

C'est en somme logique: essayez de comprendre ce qui se passe en vous quand vous entrez dans un magasin, un café et que ne pouvez pas y rester, que vous devez en ressortir tout de suite, parce que vous vous sentez angoissé(e). Si l'angoisse ne vient pas de *vous*, c'est qu'elle vient nécessairement des *autres*. Si vous êtes seul(e) sur la route, en auto, et qu'il vous vient des angoisses, il faut bien vous rendre compte qu'il y a les *autres* usagers de la route qui vous croisent ou qui vous dépassent. Pour se rendre compte combien tout le monde est angoissé, il suffit d'écouter les conversations entre hommes comme entre femmes – aucune différence, le thème qui revient le plus souvent est la maladie d'un tel, la mort de tel autre, ce qui se disait dans la salle d'attente de tel médecin, ce que le pharmacien a dit, ce qui s'est fait à l'hôpital.

Mais il y a pourtant des gens qui *ne se sentent pas* angoissés!
Bien sûr, mais ceux-là n'avancent pas sur le chemin de la vie
comme la rêveuse derrière son guide. Ils se contentent de
faire du surplace. Vous avez déjà observé dans les aéroports
le comportement des gens sur les tapis roulants: les uns
montent dessus et ne bougent plus. Le tapis les transporte à
destination, mais ils sont restés immobiles. Voilà nos
gaillards qui ne se sentent pas angoissés. Le tapis roulant de
la vie les transporte vers la mort. Ils font du surplace,
n'évoluent pas intérieurement, se contentent de bien
fonctionner au travail, dans la famille, dans la société, à
l'armée, à l'église, de faire leur devoir, quoi. Et puis, il y a les
autres. À l'aéroport, on les voit monter sur le tapis roulant,
puis avancer à grands pas. Ils bougent, ils veulent évoluer.
Ce qui ne les empêche pas de fonctionner correctement
dans la vie professionnelle, familiale et sociale, mais celle-ci
ne les remplit vas vraiment. Ils veulent autre chose. Quoi
donc? Disons: une évolution ni matérielle (plus d'argent, une
maison) ni intellectuelle (des cours, des diplômes, des
lectures), mais une évolution spirituelle. Pourtant avancer
comporte des risques. La rêveuse aurait pu rester dans la
salle, vivre sa sensualité avec ces mains avides qui se

tendaient, faire comme les autres. Elle a préféré suivre ce guide venu d'ailleurs et s'engager dans des passages étroits, difficiles. «Préféré» est un bien grand mot. En réalité, notre destin nous rattrape à coup sûr, nous faisons ce qu'il programme à travers notre cerveau.

Il y a une belle histoire orientale que nous conte VOLTAIRE: le jardinier du chah rencontre la Mort, qui fait un geste menaçant. Épouvanté, il se précipite chez son maître: «Roi des rois, laisse-moi partir, la Mort me menace.» La scène se passe à Ispahan, ancienne capitale de l'Iran. Bon sire, le chah donne au jardinier son meilleur coursier, et voilà le brave homme qui galope vers Téhéran à 300 km. Le lendemain, le chah rencontre à son tour la Mort. «Mais pourquoi as-tu effrayé mon jardinier? – Je ne le menaçais pas. J'ai fait un geste de surprise en le voyant ici à Ispahan, alors que demain je dois le cueillir à Téhéran.»

Ici aussi, l'angoisse vient de l'extérieur. Et déclenche une réaction irraisonnée, mais le destin s'accomplira néanmoins, et la réaction d'angoisse fait partie de ce destin. À méditer. Revenons à notre tapis roulant et à ceux qui y avancent à grands pas et qui recherchent une évolution spirituelle – en

réalité, parce qu'ils *y sont contraints par leur destin*.
Fatalisme, allez-vous dire, nous ne sommes pas des
musulmans! Allons donc, les recherches poursuivies sur le
cerveau depuis les années 1960 démontrent que *la liberté
est une illusion corticale* (comme je l'ai écrit dans «Le
Cerveau et son fonctionnement», I, p. 31, en 1981), une
illusion de la conscience éveillée. Notre programmation
cérébrale ne nous laisse qu'une liberté: celle de faire le mal,
c'est-à-dire des détours de vie qui se soldent par des
divorces, des échecs professionnels et – des angoisses.

*L'angoisse est donc un phénomène qui accompagne une
évolution spirituelle.* Le paysage fleuri ne se resserre en
passages étroits sous tunnel que si j'avance, si je pars à la
quête de moi-même. Nous sommes sur Terre pour aider les
autres. Le Christ l'a dit si magnifiquement qu'il est devenu –
le saviez-vous? – le guide spirituel des plus grands mystiques
de l'Islam (et non pas Mahomet/Muhammad), ainsi d'Ibn al –
'Arabi au tournant du XIIe au XIIIe siècles: «Aimez-vous les
uns les autres comme je vous ai aimés»; le vieil évangéliste
Jean presque centenaire le répétait à Éphèse d'une voix
chevrotante comme résumant tout le christianisme. Mais
plus nous ressentons le besoin d'aimer les autres, de les

aider, et *plus nous ressentons les angoisses des autres*. Et ça nous tombe dessus. On devient alors de plus en plus sensible aux angoisses des autres, à commencer par celles des membres de la famille, par exemple de l'aîné qui ne supporte pas la venue du petit frère et qui reporte son angoisse sur sa maman, laquelle sombre inexplicablement dans une dystonie neurovégétative, un désordre radical de notre système nerveux inconscient.

L'angoisse est donc la rançon de notre amour, de notre disponibilité pour les autres. Qu'il faut supporter? Que non, nous ne sommes tout de même pas masochistes comme certaines Églises d'Orient et d'Occident aimeraient nous l'inculquer. C'est pourquoi nous allons encore voir *les 12 techniques pour sortir de l'angoisse*. Je dis bien «sortir» et non pas «combattre». On ne peut pas combattre l'angoisse. Elle est sécrétée par les autres, par le «monde» où nous vivons. Dans chaque magasin, dans chaque restaurant, dans chaque endroit où il y a concentration de gens stressés, angoissés, l'angoisse nous prend à la gorge si nous sommes sensibles à ce déséquilibre émotionnel chez les autres. Si ça peut vous consoler, rappelez-vous que tous les saints et mystiques du monde, chez nous à commencer par le

{Anchor:Christ au jardin des Oliviers} Christ au jardin des Oliviers, ont été angoissés parce qu'ils portaient le poids des angoisses du monde.

Pour essayer de comprendre comment on peut *sortir* de l'angoisse, regardons le dessin de la page suivante. On y voit deux icebergs flottant l'un à côté de l'autre. En réalité, il y en a bien plus dans les parages, mais il n'y a pas la place pour les représenter. Chaque iceberg, on le sait, se compose d'une petite partie émergée et d'une immense partie immergée, qu'on ne voit pas, qui est sous l'eau. De la même manière, notre personnalité se compose d'une petite partie visible, le Moi avec ses émotions, son inconscient. Ce que beaucoup de livres modernes venus d'Amérique et mal traduits appellent «l'inconscient» est en réalité un Moi total, plus-que-conscient, qui utilise les 100 % des ressources du cerveau, alors que mon Moi de tous les jours, la partie émergée de l'iceberg, n'en utilise que 9 à 10 % et seulement 5-6 s'il est stressé, angoissé. Vous voyez que pour la conscience totale, la conscience-100%, nous avons aussi inscrit le mot «Syntérèse», vieux mot grec que nous avons repris pour désigner ce qui est le plus profond en nous, ce qui est en paix, sans angoisse. L'autre iceberg m'envoie ses

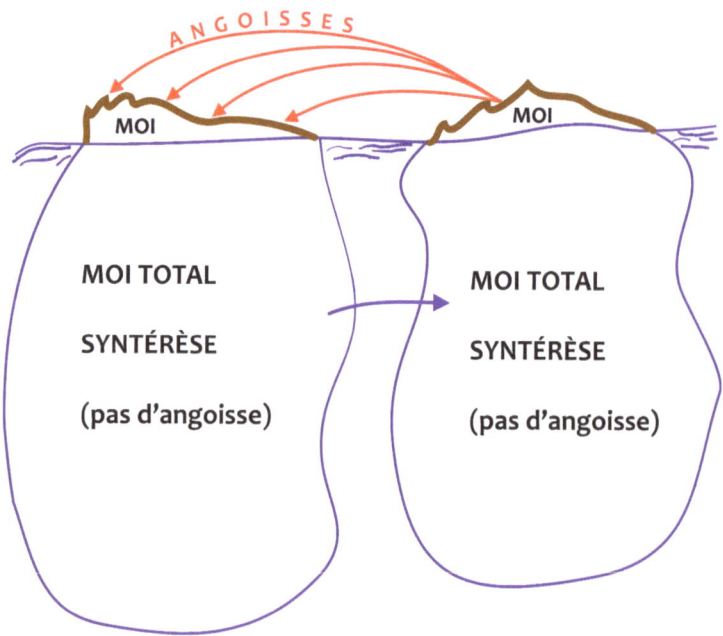

angoisses, qui forment un dépôt de plus en plus tenace et épais à la surface de mon iceberg, et j'en souffre. Le monde sécrète ses angoisses, je n'y peux rien. Mais je peux sortir de l'angoisse en me retournant vers la profondeur de mon iceberg, le Moi total, la Syntérèse, la partie de mon être qui est libre de toute angoisse. Les angoisses du voisin/de la voisine me parviennent comme un tir de fusées Scud que je ne peux pas arrêter.

ANGOISSES

MOI

MOI

MOI TOTAL

SYNTÉRÈSE

(pas d'angoisse)

MOI TOTAL

SYNTÉRÈSE

(pas d'angoisse)

Au lieu de me fixer sur les angoisses qui me viennent du «monde», de l'air libre, je me retourne vers plus grand que

Moi et qui est pourtant Moi, le Moi total. Et la flèche qui vise le Moi total de l'autre me montre que je peux agir sur l'autre de manière à lui faire cesser son tir de Scud. C'est ce que nous verrons dans la partie technique de cette brochure. Vous devinez déjà qu'en agissant sur l'autre, je réveille en lui la profondeur guérissante, apaisante. Donc je fais du bien tout en me faisant du bien. Je ne lutte pas contre les angoisses, j'en sors en me retournant vers l'essentiel, vers cette profondeur où siège du reste le guide extraterrestre du rêve que nous avons vu. C'est dans cette profondeur que je suis fait à l'image de Dieu et donc capable de traverser victorieusement toute épreuve.

Mais comment l'angoisse des autres peut-elle se fixer sur moi – comme ça, d'un coup, alors que jusqu'ici j'en étais préservé(e) et que je ne savais même pas ce que c'était que l'angoisse ? Est-ce la folie qui me guette, est-ce que je me mets à dérailler, à perdre les pédales ? Non, l'explication est plus simple. Regardez le schéma ci-dessous, où la pointe de l'iceberg est agrandie:

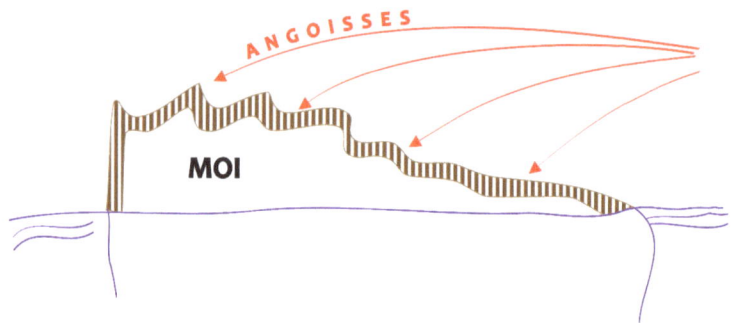

À la surface de mon iceberg, l'angoisse des autres se fixe non pas sur le Moi, sur la raison, la conscience éveillée qui sait faire le tri des choses, raisonner et se raisonner. Elle se fixe sur une couche isolante qui sépare le Moi du monde. Cette couche m'isole en effet des autres et forme une sorte de verre translucide, c.-à-d. qui laisse passer la lumière sans permettre d'apercevoir nettement les contours des objets. Déjà le grand philosophe allemand IMMANUEL KANT affirmait à la fin du XVIII siècle que nous voyons les choses et les gens à travers des lunettes teintées qui les déformaient, qu'on ne les voyait pas comme ils sont vraiment. Cette couche translucide, c'est *l'inconscient*. Ne dites pas «subconscient», terme abandonné par SIGMUND FREUD depuis 1900 et que seuls des traducteurs maladroits d'ouvrages anglo-saxons ont réactivé. L'inconscient, ce

«magma visqueux primitif», comme disait FREUD, est le domaine de mes pulsions, de mes instincts, des forces de vie en moi qui veulent la satisfaction immédiate. Le Moi mène un combat incessant pour canaliser ces pulsions qui mettent l'individu en danger, pour retarder leur satisfaction jusqu'au moment où les circonstances le permettront. L'inconscient est un domaine psychique *tourmenté*, parce que mes instincts ne peuvent être satisfaits sur-le-champ: si j'ai envie de boire un café (c'est mon inconscient qui me dicte cette envie) et que ce n'est pas encore l'heure de la pause, je (mon Moi) dois dire à mon inconscient: attends, on boira le café plus tard; s'il me vient une folle envie de liberté au sein de mon ménage, je ne peux pas y céder et m'enfuir; je dois dire à mon inconscient: ça ne va pas, je dois attendre les vacances pour m'éclater, maintenant je dois travailler. Le Moi conscient est toujours en train de retarder les satisfactions que l'inconscient réclame.

Ça peut marcher aussi longtemps qu'il y a un *équilibre relatif entre le «je veux» et le «je dois»*, entre le travail et le plaisir, entre le service aux autres et la liberté. Mais il y a des situations de vie *inattendues* où ce système ne marche plus. On appelle ces moments les «points catastrophiques» de la vie, parce que ma vie réglée éclate sous la pression d'événements auxquels je n'étais pas préparé(e): l'entrée d'un enfant dans ma vie, la mort de mes parents, le divorce, la perte du travail, le veuvage, l'invalidité, la perte d'un enfant, etc., etc. L'inconscient est alors frappé par une sorte de cyclone dévastateur et *devient sensible au monde, aux angoisses des autres qu'il ignorait jusque-là*. On s'étonne que les gens soient égoïstes, que la misère du Tiers-Monde et du Quart-Monde dans notre pays (donc des pauvres chez nous) ne trouble pas leur sommeil. Aussi longtemps que leur Moi arrive à satisfaire leur inconscient, même la vue quotidienne de bébés mourant de faim à la télé ne créera pas d'angoisse en eux. C'est nécessaire, car si tout le monde devenait sensible, tout le monde serait noyé sous l'angoisse, et la Terre deviendrait un immense hôpital psychiatrique.

Même la naissance d'un second enfant dévaste l'inconscient d'une maman et la jette dans l'angoisse. Vivre avec un seul enfant, c'est relativement facile. Lorsque vient le deuxième, la charge éducative devient énorme, et la maman hérite de l'angoisse du premier-né qui ne supporte pas de ne plus être seul avec maman. Donc les points catastrophiques sont nombreux dans la vie. Gare si l'angoisse s'installe à demeure,

qu'elle accompagne une personne pendant des années. C'est l'enfer! De translucide, l'inconscient est devenu transparent aux misères du monde, et le Moi n'ose plus allumer la télé, lire le journal, prendre le téléphone. Mon Moi raisonnable mène alors un combat quotidien épuisant contre une angoisse sans cesse renouvelée *de l'extérieur*.

Paradoxalement l'angoisse *est une chance*. Une personne qui n'est pas angoissée, qui vit à l'abri de la couche translucide est protégée du monde, et vit comme dans un cocon. Ne croyez surtout pas que l'angoisse frappe au hasard. Elle fait partie de notre programmation de vie. Elle est l'amorce d'un développement intérieur. Comment ça? La parole de Jean citée à la page 7 ne nous fait ni chauds ni froids aussi longtemps que nous ne sommes pas angoissés. En effet, contrairement à l'évangéliste, nous aimons ce monde, l'argent, la bagnole, les sorties, l'amour, l'évasion. Et nous ne nous apercevons pas que le monde sécrète l'angoisse, qu'il est la source de l'angoisse qui investit les gens et que nous ressentons ensuite à leur contact. Car toutes les joies, tous les plaisirs sont éphémères, ne durent pas. Car le monde est régi par le Temps et par la Mort. Et le temps qui passe, la mort qui nous guette, c'est le ver dans le fruit des plaisirs de ce monde.

Ce qui fait que beaucoup d'angoissés prient Dieu de les aider, sans obtenir de réponse. C'est qu'ils ne sont pas branchés sur l'essentiel. En vivant *dans* le monde, ils ont retiré la prise marquée «*pas de ce monde*», la prise qui les reliait ailleurs. Faut-il pour cela se retirer du monde, aller faire des retraites, prier toute la journée, s'user les genoux à l'église? Pas du tout. Il faut simplement *renouer avec la profondeur en nous, rebrancher la prise marquée «pas de ce monde»*. Car le gros de l'iceberg, la profondeur, ne connaît pas l'angoisse. Une fois le Moi branché sur la profondeur, la Syntérèse, le Moi total (page 19), l'angoisse devient contrôlable et reflue, l'inconscient redevient translucide.

Les trois schémas ci-après montrent ce qui se passe:

* Dans le premier schéma, le Moi vit *dans* le monde, protégé par un inconscient apaisé (en pointillé). Pour parler comme Jean, «l'amour du Père n'est pas en lui». En effet, nulle trace de la profondeur, du Moi total, de la Syntérèse, donc de Dieu dans la vie de cette personne. Si elle prie, ses prières ne vont nulle part – ce qui condamne à l'inutilité un énorme volume

de prières faites chaque jour dans le monde sans aboutir hors du monde.

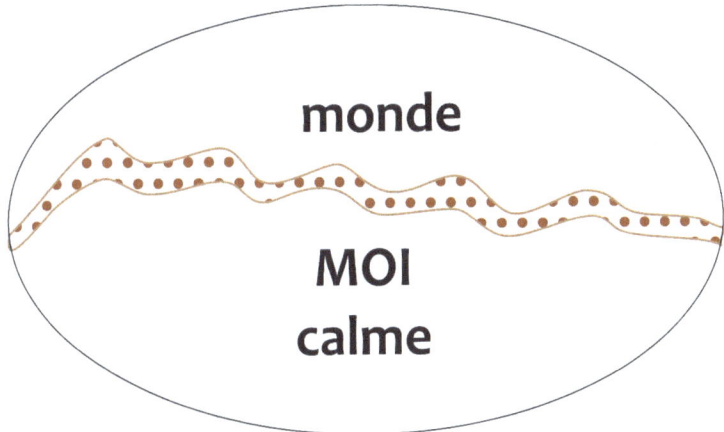

* Dans le deuxième schéma, la personne a atteint un point catastrophique dans sa vie, l'inconscient est devenu transparent, et les angoisses des autres s'implantent en moi.

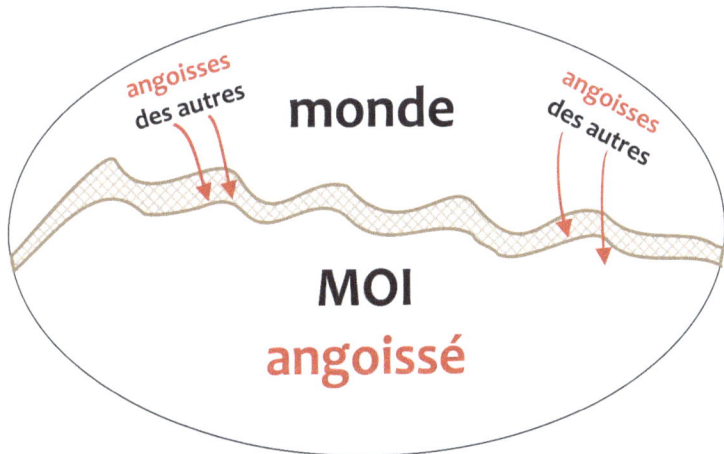

Le moi est assiégé par l'angoisse. La prière ne sert toujours à rien. Aucun sauveteur (aucun Sauveur) à l'horizon.

* Dans le troisième schéma, la vision de la personne angoissée s'est élargie. Elle se rend compte qu'il existe une

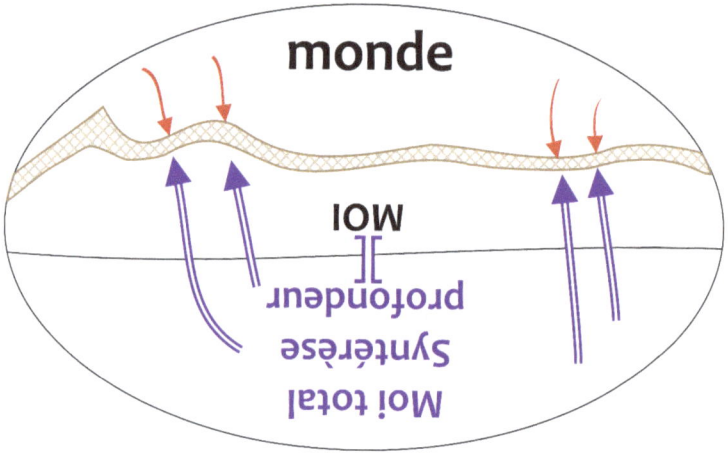

profondeur en elle et se retourne pour se rebrancher sur elle. Ce faisant, elle tourne le dos à l'angoisse. Le contact avec la profondeur va colmater les brèches à l'interface (séparation) monde – inconscient, et les angoisses des autres ne m'atteindront plus. Le Moi n'est plus *dans* ce monde, comme dans le premier et le deuxième schéma, il réalise qu'il n'est *pas de ce monde* et se tourne vers son vrai monde, la vraie Réalité qui est en lui. Les doubles flèches symbolisent l'action apaisante de la profondeur sur les

angoisses, une fois le contact Moi – Syntérèse, Moi – Moi total établi. Maintenant le Moi est de nouveau dans l'amour du Père. La fiche est de nouveau dans la prise.

L'angoisse, c'est donc tout simplement être éloigné de soi-même, de sa profondeur – en termes religieux: être éloigné de Dieu.

Par-là, on *sort du Temps et de la Mort*, car la profondeur donne accès à la vie éternelle où le Temps n'existe pas, où la Mort n'est que provisoire. Et où l'angoisse fondamentale du temps qui passe et de la mort qui viendra un jour s'efface.

C'est donc moi-même, par mon orientation vers le monde et ses angoisses, qui fais que les parois de rochers se rapprochent et que le chemin de la vie devient *angustus*, étroit. En effet, les obstacles de terrain sont à géométrie variable, ce qui veut dire que c'est mon choix de m'intégrer ou non dans les plaisirs de la vie, en débranchant la prise me reliant à la profondeur ou en la remettant, qui fait que le chemin devient angoissant. *Je suis à la fois la personne qui avance à quatre pattes dans le tunnel et l'architecte qui a construit le tunnel où je rampe.* Pour quoi faire? Par pur sadomasochisme, par plaisir de faire souffrir et de souffrir?

Non. Pour provoquer l'éveil. L'éveil à quoi? À la vraie Réalité, à la vraie profondeur en moi, qu'autrement je risquerais de ne jamais voir, puisque j'ai les yeux fixés sur le monde. Mes crises d'angoisse ont donc un sens, elles sont utiles? Bien sûr que oui. Rien n'est dû au hasard dans ma vie, tout est *naturel et nécessaire*. Disons-le tout à fait clairement:

> *L'angoisse ne frappe que les personnes appelées à subir une évolution spirituelle.*

L'angoisse est le signe qu'on sort du cocon de la vie *dans* le monde pour atteindre le niveau d'une personne qui sait qu'elle n'est *pas de ce monde*. Le papillon qui quitte le cocon est désarmé, sans défense, il doit d'abord s'habituer à ne plus être chrysalide (le stade entre la chenille et le papillon). Ça crée des angoisses.

Vous comprenez maintenant pourquoi les saints et le Christ dans sa forme humaine ont été angoissés (page 17).

Qui dit évolution dit progrès. Mais si je demeure angoissé(e) pendant des années? C'est que tout ce que j'entreprends se heurte à ma *culpabilité*. C'est intéressant d'entendre un(e) angoissé(e) parler de son mal, comme si c'était sa faute – du

reste, le/la partenaire le disent aussi –, comme si le monde était en ordre, les gens heureux et seule cette pauvre personne angoissée, malade, en somme intolérable pour la société humaine. C'est le contraire qui est vrai. Un(e) angoissé(e) est une personne qui réalise la maladie des autres, qui en souffre, qui veut s'en débarrasser, qui *ne veut plus être malade.*

Comment fait-on pour que

- le Moi se branche sur la profondeur?
- l'angoisse disparaisse?
- la prière arrive vraiment où elle doit arriver, hors de ce monde, chez Dieu?
- la guérison vienne – car l'angoisse est l'opposé de la guérison, l'opposé de la confiance, donc de l'abandon à l'amour de Dieu, de sorte que l'angoissé(e) est effectivement loin de Dieu même s'il/si elle prie tous les jours.

Nous allons consacrer les pages qui suivent à décrire *douze techniques propres à se rebrancher sur la profondeur et à faire disparaître l'angoisse* – ce qui ne veut pas dire que vous pouvez jeter votre médicament anxiolytique – bien au contraire! Il faut toujours avoir de ces précieuses pastilles avec soi, car les crises d'angoisse ne pardonnent pas, surtout pas en voiture. Une pastille vous apportera un soulagement instantané ou presque, le temps de voir venir – et de mettre nos techniques à l'essai, qui n'agissent que sur l'âme. Séparons bien les choses: la médecine a son domaine propre, la psychologie des profondeurs aussi. Toutes deux se rejoignent au service de l'être humain.

La psychosyntérèse a eu de nombreux disciples depuis trente ans. Certains ont intégré telle ou telle de nos techniques dans leur système d'enseignement. Les techniques qui suivent sont nos techniques originales.

Première technique: l'image du miroir

«Dieu créa l'homme à son image, à l'image de Dieu il le créa»
(Genèse 1.27): lorsque nous portons notre regard sur nous-
mêmes, nous n'éprouvons guère d'admiration ni d'amour
pour notre reflet dans la glace. C'est que le regard que nous
portons sur nous-mêmes est celui du père, pour l'homme,
de la mère, pour la fille. Nous n'avons pas encore appris à
nous regarder sans passer par le truchement d'une
personne ayant participé à notre éducation. Désormais, en
passant devant l'un des miroirs qui ornent notre
appartement, pas seulement devant celui de la salle de
bains, nous nous regardons avec gentillesse et
subvocalisons: «Tu es très bien comme ça, je t'aime».
«Subvocaliser», c'est prononcer les mots sans qu'on les
entende, sans que les cordes vocales ne vibrent. Cette façon
d'articuler sans bruit exerce une influence considérable sur
le système nerveux et le système endocrinien (hormonal)
qu'il régit, et par-là sur l'inconscient. La personne qui vous
dira cette phrase, «tu es très bien comme ça, je t'aime»
attendra quelque chose de vous, du sexe ou de l'argent.
Seul vous-même pouvez vous adresser en permanence à
cette image étonnante dans le miroir dont l'équipe du prix

Nobel Murray Gell-Mann a calculé il y a plus de trente ans qu'elle combinait étrangement la matière et l'antimatière. Le jour où vous arrivez à poser un regard d'amour sur vous-même et à dire avec conviction: «Tu es très bien comme ça, je t'aime», vous ferez surgir de l'image de vous-même *dans* le monde ce qui n'est *pas de ce monde*. La seule Force régissant la profondeur, l'Amour, arrachera votre image à «l'absence du Père» et la rendra vivante, d'une vie véritable.

Deuxième technique: la notation matinale du rêve

«Les rêves sont des perles issues de la profondeur, sans tache. Le pseudo-pouvoir de l'Ombre ne peut les atteindre.» Dans cette citation, l'Ombre, c'est «l'Ombre de Dieu», l'ange déchu à qui n'a été conféré qu'un pseudo-pouvoir sur ce monde. Dépouillée de son caractère religieux, cette phrase veut dire que les rêves sont *d'authentiques messages de la profondeur*, et non pas, comme le croyait encore Sigmund Freud, des informations élaborées par le cerveau et déformées par l'inconscient et le Moi. (Voir la publication «Noter et interpréter ses rêves en psychosyntérèse», par l'auteur et le Dr Elisabeth Klein, édition 1989, 2e tirage 1991.) La nuit est la seule partie d'une tranche de 24 heures où

notre cerveau travaille aux 100 % et constitue le Moi total capable de traiter tous les problèmes de notre existence et de les coder dans des messages appelés «rêves». Il est utile, mais pas nécessaire de comprendre les quelques rêves qui restent le matin, mais en les notant, on introduit ces messages dans notre Moi étriqué, qui commence à grandir, à s'ouvrir à la profondeur.

Troisième technique: le refuge sur le rail cosmique du TRAM

Vous savez déjà subvocaliser, articuler un mot sans qu'on l'entende. Chaque fois que l'angoisse vous saisit, réfugiez-vous sur le rail cosmique du TRAM. C'est quoi? C'est une piste de lumière qui traverse le cosmos et sur laquelle vous êtes en sécurité – une piste à travers les étoiles, si vous voulez. Vous fermez les yeux et vous voyez les quatre lettres de TRAM disposées l'une à côté de l'autre. Vous lisez ce mot, qui se prononce comme le tram(way), en subvocalisant. Et vous voyez la piste de lumière – avec votre œil intérieur – qui vous accueille hors angoisse, dans la profondeur qui ouvre sur un univers total.

Quatrième technique: l'écriture ralentie

Tout ce qui vous assaille est traité par votre cerveau en fonction des schémas de lecture et d'écriture appris à l'école. Choisissez n'importe quelle phrase, p. ex.»Napoléon a été empereur des Français». Vous l'écrivez. Puis l'écrivez une deuxième fois en ralentissant votre main (votre stylo). Une troisième fois, encore plus lentement. Et ainsi de suite. Quand vous croyez que vous ne pouvez pas écrire encore plus lentement, vous découvrez que c'est quand même possible. Arrive un moment où vous tracez vos lettres avec la lenteur d'un(e) élève de 5 ou 6 ans appliqué(e) à apprendre les rudiments de l'écriture. Un pas de plus, et vous sortez du système qui véhicule l'angoisse des autres. Vous serez complètement déphasé et – branché sur l'essentiel, sur la profondeur.

Cinquième technique: sortir de la cloche

Connue, surtout par mes émissions radio, cette technique identifie la cloche – imaginez-la en verre – qui coiffe l'endroit où nous habitons et aussi, s'il en est distinct, l'endroit où nous travaillons. Cette cloche a 30 km de rayon (de demi-diamètre), donc 60 km de diamètre. À la manière dès'

douches à fromages des restaurants, elle coiffe notre vie. Lorsqu'on soulève la cloche préservant de merveilleux fromages de la poussière, ça sent mauvais à l'intérieur. Il faut aérer de temps en temps. C'est à l'intérieur de la cloche que s'accumulent les angoisses des autres. Pour y résister, sortez une fois par semaine de votre cloche, en voiture ou en train, à un peu plus de 30 km de chez vous, sans chien, sans compagnon ou compagne, sans but, ni courses, ni visite. Vous partez ainsi à l'aventure dans n'importe quelle direction. Une fois sorti(e) de la cloche, vous allez vous promener un peu, vous buvez un café. Et sans que vous le sachiez, votre cerveau s'aère, fonctionne mieux – et vous glisse des idées nouvelles. Le plus dur, c'est de s'en aller *sans rien vouloir faire de précis*. C'est là que vous réalisez que vous avez perdu cette liberté depuis votre adolescence. La sortie de la cloche est *un acte de liberté*, qui apporte une bouffée d'air à l'inconscient et fait sentir ses effets 2 à 3 jours. Même avec des charges importantes de famille, il est possible de sortir de sa cloche.

Sixième technique: liquider la distance biologique de fuite

Vous vous êtes habitué(e) à être assis(e) sur telle chaise autour de la table où vous prenez vos repas en famille – si vous ne vivez pas seul(e). Dans l'angoisse, vous avez besoin d'être aussi proche que possible de votre partenaire, de vos enfants. Si vous vivez seul(e), veillez à appliquer cette technique à toutes vos rencontres avec des amis. Elle consiste à vaincre la distance biologique de fuite, à peu près la largeur d'une table. Lorsque vous êtes assis(e) en face de l'autre à cette distance, vous n'avez pas de protection, vous ne bénéficiez pas de la proximité de l'autre. Votre angoisse se calme dès que vous vous rapprochez de l'autre en vous asseyant *à côté* de lui/d'elle. Vous trouverez bien un prétexte pour ne pas l'alarmer par ce changement d'habitude. Si proche de vous, l'autre ne pourra pas se montrer agressif, c'est codé dans notre comportement. Et il ne pourra pas non plus vous passer ses angoisses.

Septième technique: obéissez à vos impulsions

Qui dit que vos impulsions sont mauvaises, qu'il faut y résister à tout prix? Tout ce que nous faisons est *naturel et nécessaire*. Vous entrez dans un café, et vous avez envie

d'en ressortir? Eh bien, ressortez-en. Cessez de penser «par les autres», par le qu'en-dira-t-on. Vous travaillez dans une pharmacie, et vous sentez votre angoisse grandir de jour en jour? Cherchez-vous un autre travail. Ce n'est pas vous qui êtes fou/folle. C'est l'angoisse des autres qui déferle sur vous. Une pharmacie est un lieu de drame, où les gens vont chercher des remèdes à une maladie, où ils se livrent à leur conversation favorite: la mort, la maladie des autres. Il y a des êtres sensibles en pleine évolution spirituelle qui ne supportent pas ça. Vous vous découvrez un besoin irrésistible de marcher, mais n'osez pas vous évader. Faites-en une promenade du soir, une habitude que votre inconscient acceptera avec plaisir. Ne coincez pas davantage votre inconscient malmené en vous cramponnant là où ce n'est pas nécessaire.

Huitième technique: tenez un journal

Vous êtes angoissé(e). Vous avez besoin de vous confier. Mais même ceux qui vous écoutent avec sympathie se lassent à la longue. Vous avez besoin de vous exprimer. Prenez un cahier d'écolier. Mettez la date du jour et profitez d'un moment d'angoisse pour écrire. Écrire ce que vous avez sur le cœur, ce que vous demandez à Dieu si vous êtes croyant(e). Tant pis pour les fautes d'orthographe, pour le manque d'habitude que vous avez peut-être de vous exprimer. En écrivant, vous videz le trop-plein du Moi débordé par ses émotions. Ce journal deviendra votre confident. Il vous fera du bien. Ce qu'on couche sur le papier brûle moins l'âme.

Neuvième technique: le Lexotanil® spirituel

Je ne veux pas faire de réclame pour le Lexotanil®, mais les circonstances veulent que la formule que je vais vous indiquer a été développée dans un grave cas d'angoisse que l'angoissé ne savait combattre qu'au moyen de Lexotanil® prescrit par son médecin. C'est une formule-clef pour le branchement sur la profondeur. Mais pour la comprendre, il faut bien se représenter ce qu'est la vie d'un être humain, limitée par le Temps et par la Mort: une vie mortelle, une vie de victime. Or, l'être humain ne se compose pas que d'un corps animé, donc d'une âme informant un corps, structurant la matière animée de manière à en faire un corps vivant. Il y a un troisième facteur à l'œuvre dans un être humain, c'est son esprit. Cet esprit – toutes les religions et

traditions l'enseignent – est éternel, une partie, une étincelle de la Lumière totale que l'on appelle Dieu dans toutes les langues. Un être humain mortel est un être humain fasciné par le monde et soumis ou non à des angoisses, sans avoir conscience de l'existence de l'esprit en lui. Dès que le Moi se retourne vers la profondeur, il découvre que son être n'est pas *de ce monde*, c'est-à-dire *de l'ordre de la matière animée*, mais qu'il est *de l'esprit, qu'il appartient à une Réalité spirituelle englobant la réalité telle que nous la connaissons*. Seule notre insertion matérielle (de chair et de sang) dans le monde nous fait dépendre du Temps et de la Mort. D'où l'intérêt de la formule anti-angoisse suivante:

> *Je suis un être spirituel. Je ne suis pas un être matériel.*
> *Je plonge mes racines dans le Soi éternel, que j'exprime*
> *et déploie inlassablement.*

Cette formule est un code qui ouvre la profondeur de l'être. Elle nous restitue notre liberté, notre dignité – au plan spirituel, nous ne sommes ni perdu(e) ni angoissé(e), nous sommes un être activement engagé dans le devenir du cosmos. Le Soi éternel, c'est clairement la dimension profonde où chacun est soi-même et est fait «à l'image de

Dieu». Vous subvocalisez cette formule inlassablement. Elle apporte un soulagement effectif et ouvre la porte de la profondeur, branchant le Moi sur le Moi total, sur la Syntérèse.

Dixième technique: la prière

Il est étonnant d'interroger les angoissés croyants et de découvrir que leurs prières consistent en de simples requêtes à Dieu: fais ceci, fais cela. Beaucoup ont oublié jusqu'aux paroles du Notre Père. Pourtant, le Christ a bien précisé dans Matthieu 6.7-13, passage que je cite d'après la nouvelle Bible œcuménique de 1988:

> «Quand tu veux prier, entre dans ta chambre la plus retirée, verrouille ta porte et adresse ta prière à ton Père qui est là dans le secret. Et ton Père, qui voit dans le secret, te le rendra. Quand vous priez, ne rabâchez (= ne vous répétez) pas comme les païens; ils s'imaginent que c'est à force de paroles qu'ils se feront exaucer. Ne leur ressemblez donc pas, car votre Père sait ce dont vous avez besoin, avant que vous le lui demandiez.»

Il semblerait que personne n'a jamais lu ce texte ou que, s'il l'a lu, qu'il l'ignore et passe outre. Étonnant de la part du «croyant» qu'il ne fasse pas la volonté du Fils de Dieu. Quant

au Notre Père que Jésus rend obligatoire, le voici d'après le même passage de l'Évangile de Matthieu si vous l'avez oublié:

> «*Vous donc, priez ainsi:*
>
> *Notre Père qui es aux cieux, fais connaître à tous qui tu es, fais venir ton Règne, fais se réaliser ta volonté sur la terre à l'image du ciel. Donne-nous aujourd'hui le pain dont nous avons besoin, pardonne-nous nos torts envers toi, comme nous-mêmes nous avons pardonné à ceux qui avaient des torts envers nous, et ne nous conduis pas dans la Tentation, mais délivre-nous du Tentateur.*»

La Bible œcuménique de l'Alliance biblique universelle et des Éditions du Cerf livre un texte valable pour catholiques et protestants, sans interprétations sectaires. Alors, avant de s'endormir, on retrouve la prière de son enfance. Pourquoi demander quoi que ce soit, à moins que ce soit pour les autres. Remercier est bien meilleur. Ajoutez-y la pensée suivante: «Je me réjouis d'avoir des souvenirs de rêves qui me guideront pour sortir de mon angoisse.» Car le rêve transporte toujours un message réparateur, la solution du problème actuel, qui n'est pas toujours codée, mais souvent très claire.

Onzième technique: les associations visuelles

L'effet de cette technique ressemble à la ruse d'Ulysse pour sortir de l'antre du cyclope (géant n'ayant qu'un œil au front) Polyphème, dans «l'Odyssée»: Polyphème, l'œil crevé par Ulysse, veillait à tâter les brebis qu'il faisait sortir le matin de sa caverne, pour s'assurer qu'aucun de ses prisonniers – la troupe d'Ulysse décimée par son cannibalisme – ne pût s'échapper. Il avait compté sans la ruse des Grecs qui s'attachèrent sous le ventre des brebis et purent ainsi s'échapper. Vous fermez les yeux et vous dites ce que *vous voyez, pas ce que vous pensez*. C'est pourquoi la technique parle d'associations *visuelles*. Si on raconte ce qu'on pense, on est en pleine psychanalyse. Si on raconte ce qu'on *voit* – des formes, des couleurs, des scènes, des objets, des gens –, on fait sortir des contenus angoissants cachés sous le ventre non pas des brebis, mais des mots qu'on prononce en subvocalisant: «Je vois un rocher, bleu, une mouette dessus...» Vous parlez ainsi *non-stop*, sans vous arrêter. Et vous serez soulagé(e).

Douzième technique: la mobilisation mentale du soir

Nous avons vu que l'angoisse, ce n'est pas tout mauvais, que c'est le signe d'une évolution spirituelle. Relions maintenant divers éléments isolés vus. Le point catastrophique qui intervient dans ma vie en me faisant maigrir, en me faisant avoir un enfant, en me faisant perdre mon travail désorganise mon inconscient et *appelle en compensation le besoin d'aider, d'aimer les autres,* que la profondeur implante dans la conscience éveillée pour renforcer les émotions positives face à la débâcle de l'inconscient. Or, c'est cette ouverture d'aide et d'amour sur le monde qui rend la cloison translucide transparente et fait entrer l'angoisse des autres dans mon inconscient. *Si je suis habitué à me brancher sur la profondeur, la période d'adaptation après le passage du cyclone dans l'inconscient sera brève, un ou deux mois au plus – et j'en sortirai renforcé dans ma disponibilité, mon amour pour les autres.* Ah, c'est comme ça que ça se passe! Hé oui, c'est comme ça que ça se passe: je subis un bouleversement organique ou psychique, et vlan! la profondeur tente de me stabiliser par des idées d'amour à l'égard d'autrui, et vlan! je n'y comprends rien, me sens perdu(e), et les angoisses des autres me fondent dessus. Le

héros/l'héroïne potentiel(le) devient victime d'une situation qui devait servir de test, de révélateur, d'épreuve utile.

La douzième technique permettra de répondre à une question fondamentale:

> *Si mon angoisse n'est pas diffuse, mais est liée à quelque chose de précis, visible, un être, une institution, etc. que je connais, qu'est-ce que je peux faire?*

La réponse est simple et efficace: *tout – par la mobilisation mentale du soir*. Même l'une de nos étudiantes rompue à x systèmes s'est méprise sur cette technique, croyant que nous allions «programmer» la journée du lendemain par notre seule volonté, ce qui rentre dans la catégorie de la pensée positive et tutti quanti. Non, il s'agit simplement d'utiliser les potentialités du cerveau *non pas durant la journée où elles sont presque nulles* (5-6 % en situation de stress, page 18), mais durant la demi-heure précédant l'endormissement, le soir venu. Une fois que vous êtes dans votre lit et prêt(e) à vous endormir, votre cerveau met en route un système de préparation à la réception du rêve en commençant à construire le Moi total par l'activation d'unités cérébrales successives. La machinerie s'éveille palier

par palier, jusqu'à ce que, dans le sommeil profond, les 100 % de la puissance soient atteints et que le rêve puisse être reçu de la profondeur. Au moment de l'endormissement, nous en sommes encore loin. Pourtant, le Moi est déjà partiellement élargi, et je suis «en prise» (en contact) avec tous les êtres de mon RÉSEAU – avec qui j'entretiens des relations suivies. Ce contact est plus fort que de la télépathie. C'est un contact immédiat, sans distance à franchir, entre les parties immergées de nos icebergs respectifs – voir la flèche sous l'eau sur la figure de la page 11, qui relie mon Moi total à celui d'une autre personne. Il suffit alors de fermer les yeux dans son lit, de faire la boucle de relaxation «universelle» dérivée des moudras indiens – le pouce et l'index de chaque main se touchent légèrement = effet de détente –, de se représenter la personne source d'angoisse, au pied du lit, en plus petit, comme sur une photo poster, et de lui donner mentalement les instructions qu'on donnerait à un petit enfant, en évitant les phrases à tournure négative, p. ex.: «Nous sommes mari et femme. Nous devons vivre dans l'amour, sans excitations sexuelles perverses. Demain tu renonceras à faire passer des vidéos pornos qui nous font du mal, à toi et à moi. Nous pouvons être heureux sans ces films. Tu te calmeras. Tu

m'embrasseras et nous ferons l'amour normalement.» Etc., etc. Cette mobilisation mentale du soir produit des effets spectaculaires. Elle transforme «via la cave», «par en dessous» à la fois le comportement de la personne à qui je parle *et mon propre comportement*, et est portée par la Syntérèse, c.-à-d. par l'amour, la profondeur. La pharmacie où je travaille m'angoisse? Je m'adresserai le soir au pharmacien/à la pharmacienne en lui donnant des instructions pour qu'il fasse rayonner la paix dans son officine, qu'il agisse sur les angoisses de ses clients, que la pharmacie devienne un lieu non pas de malheur, mais de paix et de réconfort. La partie immergée de tous les 6 milliards d'icebergs sur Terre est en paix, dénuée d'angoisse. À ce niveau, nous pouvons dénouer tous les problèmes de la vie. Ce n'est que dans la partie émergée, qui est au contact de l'air, du «monde», que nous sommes menacés, en proie à des émotions angoissantes.

Une brève brochure sur un sujet aussi brûlant appelle des compléments d'information. Vous pouvez les obtenir sous forme de consultations ou de cours et séminaires sur lesquels nous vous renseignerons volontiers. Puissiez-vous déjà trouver ici de quoi désarmer vos angoisses, de quoi

retrouver la paix et la joie de vivre, en réalisant que *si vous êtes angoissé(e), c'est parce qu'une évolution spirituelle s'amorce en vous en direction de l'aide et de l'amour à apporter à toutes les victimes de la vie* – et qui n'est pas victime, de l'âge, de la maladie, de relations avec autrui qui ont déraillé, d'un travail trop lourd ou mal rémunéré, de la solitude, du manque d'argent? Dans la *majeure partie de notre être* (la partie immergée), nous ne sommes pas victimes. Il est bon qu'un épisode d'angoisse nous oblige à nous retourner vers la profondeur, où de l'aide est disponible en permanence.

Je vous remercie de votre attention.

Livres déjà parus:

Elisabeth Klein:
ASSIS PENDANT DES ANNÉESSUR UN CANAPÉ SANS SOINS. Drogue et maladie mentale. Elisabeth Klein raconte le cas d'une schizophrénie induite par l'utilisation de la drogue.

Elisabeth Klein, Robert F. Klein:
VIVRE POURQUOI? Tout sur la vie et l'après-vie.

Elisabeth Klein, Robert F. Klein
AUFZEICHNUNG UND DEUTUNG DER TRÄUME AUS DER SICHT DER PSYCHO-SYNTERESIS. Heilung durch den Traum.

À paraître (début 2017):

Robert F. Klein, Elisabeth Klein	LA VIE, LA MORT, L'APRÈS-VIE
Robert F. Klein	LEBEN NACH DEM TOD
Elisabeth Klein	LA FATIGUE NERVEUSE ET COMMENT LA SURMONTER
Elisabeth Klein, Robert F. Klein	NOTER ET INTERPRÉTER SES RÊVES
Elisabeth Klein	PSYCHOLOGIE DE LA VIE FAMILIALE I
Elisabeth Klein	PSYCHOLOGIE DE LA VIE FAMILIALE II
Elisabeth Klein	L'AMOUR ENTRE FEMMES
Aimée Des Buis	LA DAME DE CŒUR
Elisabeth Klein	MIMI DES PÂQUIS
Lina Albala	LYNN MA LYNN ADORÉE